دار تنوين للنشر والتوزيع

القراءة
المستوى الثالث

تأليف :

سهير فخري طمليه

فهرس المحتويات

فَصْلُ الشِّتَاءِ

نَحْنُ فِي فَصْلِ الشِّتَاءِ نَعِيشُ فِي بَلَدٍ مُمَيَّزٍ، مُعْظَمُ أَيَّامِ الشِّتَاءِ تَكْتَسِي الْأَرْضُ بِهِ ثَوْبَهَا الْأَبْيَضَ، تَعَاوَنَّا أَنَا وَأَصْدِقَائِي فِي الْمَدْرَسَةِ فِي صُنْعِ رَجُلِ ثَلْجٍ جَمِيلٍ، أَخَذْنَا تُفَّاحَتَيْنِ، وَجَزَرَةٍ كَبِيرَةٍ، وَبُرْتُقَالَةٍ، وَأَكْمَلْنَا رَأْسَ رَجُلِ الثَّلْجِ بِوَضْعِ عَيْنَيْنِ وَأَنْفٍ وَفَمٍ، ثُمَّ أَخَذْنَا وِشَاحًا، وَقُبَّعَةً، وَزَيَّنَّا رَجُلَ الثَّلْجِ وَتَرَاشَقْنَا الْكُرَاتِ الثَّلْجِيَّةِ بِفَرَحٍ وَسَعَادَةٍ وَحُبّ، ثُمَّ أَكْمَلْنَا يَوْمَنَا بِهِمَّةٍ وَنَشَاطٍ.

يَا اللهُ.. مَا أَجْمَلَ هَذَا الْمَنْظَرَ!

أ) مَعَانِي اَلْمُفْرَدَاتِ وَالتَّرَاكِيبِ:-

1- تَكْتَسِي: تَرْتَدِي - تَلْبَسُ.

2- تَرَاشَقْنَا: تَرَامَيْنَا.

3- وِشَاحًا: قِطْعَةً طويلةً مِنَ الْقُمَاشِ تُوضَعُ عَلى الرَّقَبَةِ.

4- أَكْتُبُ جُمْلَةً مُفِيدَةً مِنْ إِنْشَائِي، لِلْكَلِمَاتِ السَّابِقَةِ

....

....

....

5- هَلِ الْأَرْضُ تَرْتَدِي (تَلْبَسُ) ثَوْبًا؟!!! إِذَنْ.... مَا الْمَقْصُودُ بِجُمْلَةِ (تَكْتَسِي الأرضُ بِثَوْبِها الْأَبْيَضَ)؟

....

أَسْئِلَةُ الْفَهْمِ وَالاسْتِيعَابِ: -

أ)   أُجِيبُ عَنْ الْأَسْئِلَةِ الآتِيَةِ؛ إِجَابَةً كَامِلَةً:-

1- مَا عُنْوَانُ دَرْسِنَا؟

....

2- عَنْ أَيِّ فَصْلٍ مِنْ فُصُولِ السَّنَةِ يَتَحَدَّثُ دَرْسُنَا؟

....

3- مَاذَا صَنَعَ طُلَّابُ الْمَدْرَسَةِ؟

....

4- بِمَاذَا تَرَاشَقَ الطُّلَّابُ؟

....

السؤَال الثّالث أَسْئِلَةُ النِّقَاشِ والتَّعْبِيرُ الشَّفَوِيُّ: –

أ–   هَلْ تُحِبُّ فَصْلَ الشِّتَاءِ؟

ب– هَلْ يَتَسَاقَطُ الثَّلْجُ في مَدِينَتِكَ بِشَكْلٍ مُتَوَاصِلٍ؟

ت– هَلْ تَلْعَبُ بِالثَّلْجِ؟

ث– مَا الْأَنْشِطَةُ الَّتِي تَقُومُ بِهَا في فَصْلِ الشِّتَاءِ؟

ج– هَلْ تُسَاعِدُ أُسْرَتَكَ في تَنْظِيفِ الثَّلْجِ الْمُتَرَاكِمِ؟

السؤال الرابع أَسْتَخْرِجُ مِنْ نَصِّ الْقِرَاءَةِ:–

1- جُمْلَةٌ تُفِيدُ التَّعَجُّبَ:

....

2- كَلِمَةٌ فيها (أل) الشَّمْسِيَّةِ:

....

3- كَلِمَةٌ فيها (أل) الْقَمَرِيَّةِ:

....

أَسْنَانُ مَرْوَة

وَقَفَتْ مَرْوَةُ أَمَامَ الْمِرْآةِ، فَشَاهَدَتْ أَسْنَانَهَا السَّوْدَاءِ الَّتِي نَخَرَهَا السُّوسُ، تَأَلَّمَتْ وَتَوَجَّعَتْ طَوَالَ اللَّيْلِ، وَفِي الصَّبَاحِ ذَهَبَتْ مَعَ وَالِدَتِهَا إِلَى عِيَادَةِ طَبِيبِ الْأَسْنَانِ، صَوَّرَ الطَّبِيبُ أَسْنَانَهَا وَبَدَأَ يُعَالِجُهَا ،وَعِنْدَمَا انْتَهَى ؛سَأَلَ الطَّبِيبُ مروة: مَا رَأْيُكِ بِما حَصَلَ لِأَسْنَاكِ؟ نَظَرَت إِلَيْهِ بِخَجَلِ مَن إِهْمالِها وَلَمْ تُجِبْهُ، أَعْطَاهَا بَعْضَ النَّصَائِحِ الْمُهِمَّةِ كَيْ تُحَافِظَ عَلَى أَسْنَانِهَا مِنْ التَّسَوُّسِ، وَقَالَ لها: خَفِّفِي يَا صَغِيرَتِي مِنْ أَكْلِ الْحَلْوَى، وَعَلَيْكِ تَنْظِيفُ أَسْنَانِكِ بَعْدَ كُلِ وَجْبَةٍ، وَعَدَمُ تَنَاوُلِ الْوَجَبَاتِ السَّرِيعَةِ مِنَ الْمَطَاعِمِ بِشَكْلٍ مُسْتَمِر.

 مَعَانِي الْمُفْرَدَاتِ وَالتَّرَاكِيبِ:-

1- التَّسَوُّسُ:   مَرَضٌ يُصِيبُ الْأَسْنَانَ.

2- الْوَجَبَاتُ السَّرِيعَةُ:   أَطْعِمَةٌ سَرِيعَةُ الْإِعْدَادِ وَالتَّجْهِيزِ.

 أَسْئِلَةُ اَلْفَهْمِ وَالْاسْتِيعَابِ:

أ)   أُجِيبُ عَنْ الْأَسْئِلَةِ الْآتِيَةِ؛ إِجَابَةً كَامِلَةً:-

1- مَاذَا أَصَابَ أَسْنَانَ مَرْوَةَ؟

....

2- مَا الَّذِي سَبَّبَ التَّسَوُّسَ لِأَسْنَانِ مَرْوَةَ؟

....

ب) فَرِّقْ (فِي الْمَعْنَى) بَيْنَ الْكَلِمَتَيْنِ الْمُلَوَّنَتَيْنِ فِي كُلِّ مِمَّا يَأْتِي:

أ-   سِنِّيْ الْآنَ هُوَ عَشْرُ سَنَوَات: ....

ب-   أَصَابَنِي تَسَوُّسٌ فِي سِنِّي: ....

 أَسْتَخْرِجُ مِنْ نَصّ الْقِرَاءَةِ:-

1- كَلِمَةً تُفِيدُ الْجَمْعَ: ....

2- أَداةَ اسْتِفْهَامٍ: .... وَعَلامَةَ اسْتِفْهَامٍ......................

3- حَرْفَ جَرٍّ: .... كَلِمَةً فِيهَا هَمْزَةٌ مُتَوَسِّطَةٌ: ....

طَيَّارَةُ الْوَرَقِ

رَأَى فِرَاسٌ طَيَّارَةَ وَرَقٍ تُحَلِّقُ فِي السَّمَاءِ، وَقَالَ: أُرِيدُ طَيَّارَةَ وَرَقٍ مِثْلَهَا يَا أَبِي، قَالَ وَالِدُهُ: هَيَّا نَتَعَاوَنْ لِنَصْنَعَ طَيَّارَةَ وَرَقٍ كَبِيرَةً، زَاهِيَةَ الْأَلْوَانِ، لِكَيْ تُحَلِّقَ عَالِيًا فِي السَّمَاءِ، أَحْضَرَ فِرَاسٌ الْقَصَبَ، وَالْوَرَقَ وَالصَّمْغَ، قَصَّ أَبُوهُ الْوَرَقَ، وَصَنَعَ فِرَاسٌ ذَيْلَ الطَّيَّارَةِ، وَلَوَّنَهُ بِأَلْوَانٍ جَمِيلَةٍ، رَبَطَ فِرَاسٌ الطَّيَّارَةَ بِالْخَيْطِ، وَأَطْلَقَهَا فِي الْهَوَاءِ، فَرِحَ فِرَاسٌ، وَقَالَ أَبُوهُ: أَحْسَنْتَ.

سَأَلَ فِرَاسٌ: كَيْفَ نَصْنَعُ طَيَّارَةً نَرْكَبُ فِيهَا؟ قَالَ أَبُوهُ: بِالْعِلْمِ وَالْعَمَلِ نَصْنَعُ مَا نُرِيدُ.

أَسْئِلَةُ الْفَهْمِ وَالْاسْتِيْعَابِ:-

أ) أُجِيبُ عَنِ الْأَسْئِلَةِ الآتِيَةِ؛ إِجَابَةً كَامِلَةً:-

1- مَاذَا رَأَى فِرَاسٌ؟

....

2- مَاذَا طَلَبَ فِرَاسٌ؟

....

3- مَاذَا أَحْضَرَ فِرَاسٌ؟

....

4- مَنْ صَنَعَ ذَيْلَ الطَّيَّارَةِ؟

....

5- بِمَ رَبَطَ فِرَاسٌ الطَّيَّارَةَ؟

....

6- كَيْفَ نَصْنَعُ طَيَّارَةً نَرْكَبُ فِيهَا؟

....

7- اَلطَّائِرَةُ اَلْوَرَقِيَّةُ تُصْنَعُ فِي فَصْلِ ....؛ لِأَنَّهَا تَحْتَاجُ إِلَى .... كَيْ تَطِيرَ.

8- هَلْ صَنَعْتَ طَائِرَةً وَرَقِيَّةً مِنْ قَبْلُ؟ إِنَّهَا تَجْرِبَةٌ جَمِيلَةٌ تَسْتَحِقُّ التَّنْفِيذَ، حَاوِلْ صِنَاعَتَهَا؟

....

أُسْبُوعُ الْبِيئَةِ

هَذَا الْأُسْبُوعُ هُوَ أُسْبُوعُ الْاِهْتِمَامِ بِالْبِيئَةِ، جَمَعَتْ مُعَلِّمَةُ الصَّفِّ الطُّلَّابَ، وَقَالَتْ لَهُمْ: الْآنَ سَنَذْهَبُ إِلَى حَدِيقَةِ الْمَدْرَسَةِ؛ لِنُشَارِكَ فِي حِمَايَةِ الْبِيئَةِ الَّتِي نَعِيشُ فِيهَا، طَلَبَتِ الْمُعَلِّمَةُ مِنْ رَاضِي، وَرِضْوَان وَرِضَا؛ أَنْ يَقْطَعُوا الْأَعْشَابَ الضَّارَّةَ، وَطَلَبَتْ مِنْ ضِيَاءٍ، وَمُحَمَّدٍ وَضُحَى؛ أَنْ يُنَظِّفُوا الْحَدِيقَةَ مِنَ الْأَوْسَاخِ، وَبَقِيَّةُ الطُّلَّابِ زَرَعُوا أَشْتَالَ التُّفَّاحِ، فَرِحْنَا كَثِيرًا، وَشَكَرَتْنَا الْمُعَلِّمَةُ عَلَى مَجْهُودِنَا الْمُتَمَيِّزِ، وَقَالَتْ سَوْفَ تُعْطِيكُمُ الْبِيئَةُ هَوَاءً نَقِيًّا كَمَا أَعْطَيْتُمُوهَا.

1- هَذَا الْأُسْبُوعُ هُوَ أُسْبُوعُ الْاِهْتِمَامِ بِـ ....

2- ذَهَبَ الطُّلَّابُ إِلَى ....

3- زَرَعَ الطُّلَّابُ أَشْتَالَ ....

السؤال الثاني   أَسْئِلَةُ الْفَهْمِ وَالْاِسْتِيْعَابِ:-

أ)   أُجِيبُ عَنْ الْأَسْئِلَةِ الْآتِيَةِ؛ إِجَابَةً كَامِلَةً:-

1- أَذْكُرُ أَسْمَاءَ الطُّلَّابِ الَّذِينَ قَطَعُوا الْأَعْشَابَ الضَّارَّةَ؟

....

2- أَذْكُرُ أَسْمَاءَ الطُّلَّابِ الَّذِينَ نَظَّفُوا الْحَدِيقَةَ؟

....

3- ما الْأَنْشِطَةُ الَّتِي تَقُومُ بِهَا لِلْمُحَافَظَةِ عَلَى الْبِيئَةِ؟

....

السؤال الثالث   أَسْتَخْرِجُ مِنْ نَصّ الْقِرَاءَةِ:-

1- كَلِمَةً تُفِيدُ الْجَمْعَ: ....

2- كَلِمَةً تَدُلُّ على مُؤَنَّثٍ: ....

3- كَلِمَةً تَدُلُّ على مُذَكَّرٍ: ....

4- حَرْفَ جَرٍّ: ....

يَوْمُ الْأُمّ

نَهَضَ الْأَطْفَالُ مِنْ نَوْمِهِمْ مُبَكِّرًا، وَأَسْرَعُوا إِلَى حُضْنِ أُمِّهِمْ فَرِحِينَ مَسْرُورِينَ، وَانْهَالُوا عَلَيْهَا يُقَبِّلُونَهَا وَيَضُمُّونَهَا، أَخَذَتِ الْأُمُّ أَبْنَاءَهَا إِلَى صَدْرِهَا بِكُلِّ حَنَانٍ، فَهَذَا هُوَ يَوْمُ الْأُمِّ، وَهَا هُمْ يَحْتَفِلُونَ بِهِ، قَرَّرَ الْأَطْفَالُ عُمَرُ، وَآدَمُ، وَجَادٌّ، وَمَايَا؛ شِرَاءَ حَصَّالَةٍ يَدَّخِرُونَ فِيهَا النُّقُودَ الَّتِي يُوَفِّرُونَهَا مِنْ مَصْرُوفِهِمِ الْيَوْمِيِّ، لِكَيْ يَشْتَرُوا هَدِيَّةً لِوَالِدَتِهِمْ فِي يَوْمِ الْأُمِّ، وَقَبْلَ يَوْمِ الْأُمِّ ذَهَبَ الْأَوْلَادُ الْأَرْبَعَةُ مَعَ وَالِدِهِمْ، وَاشْتَرَوْا هَدِيَّةً جَمِيلَةً لَهَا، وَبَاقَةَ وَرْدٍ ذَاتَ رَائِحَةٍ فَوَّاحَةٍ تَعْبِيرًا مِنْهُمْ عَلَى تَقْدِيرِ كُلِّ مَجْهُودٍ تُقَدِّمُهُ لَهُمْ، فَرِحَتْ وَالِدَتُهُمْ بِالْهَدِيَّةِ، وَشَكَرَتْهُمْ مِنْ أَعْمَاقِ قَلْبِهَا، وَنَزَلَتْ مِنْ عَيْنِهَا دُمُوعُ الْفَرَحِ.

السؤال الأول   مَعَاني الْمُفْرَدَاتِ:-

1-يَدَّخِرُونَ:   يَحْتَفِظُونَ بِهِ لِوَقْتِ الْحَاجَةِ، وَهُنا الْمَقصودُ هوَ (الْمَالُ)

2-بَاقَة: الْحِزْمَةُ مِنْ كُلِّ شَيْءٍ.

3- فَوَّاحَة: رَائِحَةٌ قَوِيَّةٌ.

4-تَعْبِيرًا: تَوْضِيحًا.

5-تَقْدِير: اِعْتِرَاف، وعِرْفَان.

السؤال الثاني   أَسْئِلَةُ الْفَهْمِ وَالْاِسْتِيْعَابِ:-

أ) أُجِيبُ عَنْ الْأَسْئِلَةِ الآتِيَةِ؛ إِجَابَةً كَامِلَةً:-

1-لِمَاذَا نَهَضَ الْأَطْفَالُ مِنْ نَوْمِهِم مُبَكِّرًا؟

....

2-كَيْفَ اسْتَقْبَلَ الْأَطْفَالُ يَوْمَ الْأُمِّ؟

....

3-مَاذَا فَعَلُوا حِينَ الْتَقَوْا أُمَّهُمْ؟

....

4-كَيْفَ تُعَبِّرُ لِوَالِدَيْكَ عَنْ حُبِّكَ لَهَا؟

....

5- هَلْ تُعَبِّرُ عَنْ حُبِّكَ لِأُمَّكَ فَقَطْ فِي يَوْمِ الْأُمِّ، أَمْ فِي كُلِّ فُرْصَةٍ تُتَاحُ لَكَ تُعَبِّرُ لَهَا عَنْ حُبِّكَ؟

....

6-هَلْ تَدَّخِرُ مِنْ مَصْرُوفِكَ لِكَيْ تَشْتَرِي لِوَالِدَتِكَ هَدِيَّةً؟

....

خَلَقَ اللهُ الْمَاءَ لِيْ، وَلَكَ، وَلِكُلِّ الْمَخْلُوقَاتِ فِي هَذَا الْكَوْنِ الْوَاسِعِ، وَجَعَلَهُ سِرَّ الْحَيَاةِ، وَنَبْضَ الْوُجُودِ، مِنْ دُونِهِ يَهْلَكُ الْبَشَرُ، وَالشَّجَرُ، وَجَمِيعُ الْكَائِنَاتِ، فَلَوْلَا الْمَاءُ لَمَا وَجَدْنَا مَا نَأْكُلُهُ أَوْ مَا نَشْرَبُهُ، كُلُّ مَا خَلَقَهَا اللهُ يَعِيشُ بِالْمَاءِ، وَلِأَهَمِّيَّتِهِ جَعَلَ اللهُ لَهُ مَصَادِرَ مُتَعَدِّدَةً؛ لِتَحْصُلَ جَمِيعُ الْمَخْلُوقَاتِ عَلَيْهِ، فَتُوجَدُ الْمِيَاهُ فِي الْبُحَيْرَاتِ، وَالْبِحَارِ، وَالْأَنْهَارِ، وَالْمُحِيطَاتِ، وَالْيَنَابِيعِ النَّقِيَّةِ، وَالشَّلَّالَاتِ، وَمِيَاهِ الْأَمْطَارِ، وَلِذَلِكَ فَإِنَّ ثَلَاثَةَ أَرْبَاعِ الْكُرَةِ الْأَرْضِيَّةِ يُغَطِّيهَا الْمَاءُ، فَأَنَا وَأَنْتَ وَهُوَ وَهِيَ؛ ثُلُثَيْ أَجْسَامِنَا يَتَكَوَّنُ مِنَ الْمَاءِ، لِذَا عَلَيْنَا أَنْ نُحَافِظَ عَلَى هَذِهِ النِّعْمَةِ الْعَظِيمَةِ، وَأَنْ لَا نُسْرِفَ فِي اسْتِهْلَاكِ الْمَاءِ إِلَّا عِنْدَ الْحَاجَةِ.

السؤال الأول	مَعَاني الْمُفْرَدَاتِ:-

1- نُسْرِفَ:   نَسْتَخْدِمُهُ فِي غَيِر الْحَاجَةِ.

2-اسْتِهْلَاك: اسْتِعْمَال.

السؤال الثاني	أَسْئِلَةُ الْفَهْمِ وَالْاِسْتِيْعَابِ:-

1- الْمَاءُ هُوَ سِرُّ الْحَيَاةِ، أَوْضِح ذَلِكَ؟

....

2-مِن دُونِ الْمَاءِ يَهْلَكُ الْبَشَرَ وَيَهْلَكُ الشَّجَرُ، لِمَاذَا؟

....

3- كَيْفَ نُحَافِظُ عَلَى الْمَاءِ وَلَا نُهْدِرُهُ؟

....

4-أَذْكُرْ مَصَادِرَ الْمِيَاهِ؟

....

5-أَنَا كَائِنٌ أَعِيشُ بِالْمَاءِ وَأَمُوتُ إِذَا خَرَجَتْ إِلَى الْيَابِسَةِ ....

6- .... الْكُرَةِ الْأَرْضِيَّةِ يُغَطِّيهَا الْمَاءُ.

7-................... جسمي يَتَكَوَّنَ مِنْ الْمَاءِ.

السؤال الثالث	أَسْتَخْرِجُ مِن نَصّ الْقِرَاءَةِ:-

1-كَلِمَةً تُفِيدُ الْجَمْعَ: ....

2-كَلِمَةً تَدُلُّ على مُؤَنَثٍ: ....

3-كَلِمَةً تَدُلُّ على مُذَكَّرٍ: ....

4-اسْمَ إِشَارَةٍ: ....

هَيَّا بِنَا نَرْسُمُ

هَيَّا بِنَا نَرْسُمُ ، يَرْسُمُ طَلَالٌ طَرِيقًا عَلَى أَطْرَافِهِ أَشْجَارٌ كَثِيفَةٌ، وَعَلَى أَغْصَانِ هَذِهِ الْأَشْجَارِ رَسَمَ عَصَافِيرَ مُلَوَّنَةً جَمِيلَةً، وَرَسَمَ صَدِيقُهُ طَارِقٌ بُحَيْرَةً جَمِيلَةً، وَفِيهَا أَسْمَاكٌ مُتَنَوِّعَةٌ بِأَلْوَانٍ جَمِيلَةٍ، وَمَجْمُوعَةٌ مِنَ الْبَطِّ بَطَّةٌ كَبِيرَةٌ تَسْبَحُ مَعَهَا بَطَّاتٌ صَغِيرَاتٌ، وَرَسَمَ أُسَامَةُ غَابَةً فِيهَا حَيَوَانَاتٌ مُفْتَرِسَةٌ ضَخْمَةٌ، وَجَاءَتِ الْأُمُّ وَقَالَتْ : مَا أَجْمَلُ الْمَنَاظِرِ الطَّبِيعِيَّةِ وَالْحِيوَانَاتْ الَّتِي رَسَمْتُمُوهَا.

السؤال الأول   مَعَانِي الْمُفْرَدَاتِ:-

1- كَثِيفَةٌ:   مُتَدَاخِلَةٌ مِن كَثْرِتِهَا.

2- بُحَيْرَةً:   مَاءٌ مُتَجَمِّعٌ؛ تُحِيطُ بِهِ الْيَابِسَةُ مِن كُلِّ الْجِهَاتِ.

3- حَيَوَانَاتٌ مُفْتَرِسَةٌ:   تَصِيدُ غَيرَهَا وَتَأْكُلُهُ.

السؤال الثاني   أَسْئِلَةُ الْفَهْمِ وَالاسْتِيعَابِ:-

أ)   عَنْ الأَسْئِلَةِ الآتِيَةِ؛ إِجَابَةً كَامِلَةً:-

1- مَاذَا رَسَمَ طَارِقٌ؟ ....

2- مَاذَا رَسَمَ طَلَالٌ؟ ....

3- مَاذَا رَسَمَ أُسَامَةُ؟ ....

4- الأَطْفَالُ الثَّلَاثَةُ، رَسَمُوا ....طَبِيعِيَّةً.

السؤال الثالث   أَسْتَخْرِجُ مِن نَصِّ الْقِرَاءَةِ:-

1- كَلِمَاتٍ فِيهَا تَنوِينُ فَتْحٍ، كُتِبَ عَلى (ـة، ة):

....

2- كَلِمَاتٍ فِيهَا تَنوِينُ فَتْحٍ، كُتِبَ عَلى نِهَايَةِ الْكَلِمَةِ مَعَ إِضَافَةِ الأَلِفِ:

....

3- كَلِمَاتٍ تُفِيدُ الْجَمْعَ:

....

اِسْتِعْمَالُ الدَّوَاءِ

مَرِضَ أَخِي لَيْلاً، وَارْتَفَعَتْ دَرَجَةُ حَرَارَتِهِ فَأَخَذَتْهُ أُمِّي إِلَى قِسْمِ الطَّوَارِئِ فِي الْمُسْتَشْفَى، فَحَصَ الطَّبِيبُ أَخِي، وَطَلَبَ مِنْ أُمِّيّ أَخْذَهُ إِلَى الْمُخْتَبَرِ؛ لِإِجْرَاءِ بَعْضِ الْفُحُوصَاتِ، ثُمَّ قَدَّمَ الطَّبِيبُ لَهُ الْعِلَاجَ الْمُنَاسِبَ فَصَرَفَتْ أُمِّي لَهُ الدَّوَاءَ مِنَ الصَّيْدَلِيَّةِ، وَلَكِنَّ أَخِي لَا يُحِبُّ الدَّوَاءَ فَطَعْمُهُ مُرٌّ بَعْضَ الشَّيْءِ، وَدَائِمًا يُرَاوِغُ حَتَّى لَا يَتَنَاوَلَ الدَّوَاءَ، شَرَحَتْ أُمِّي لِأَخِي فَوَائِدَ أَخْذِهِ لِلدَّوَاءِ فِي مَوْعِدِهِ الْمُحَدَّدِ، وَكَيْفَ أَنَّ صِحَّتَهُ سَوْفَ تَتَحَسَّنُ وَسَوْفَ يَعُودُ لَهُ نَشَاطُهُ وَحَيَوِيَّتُهُ بِالتَّدْرِيجِ، هُنَا تَقَبَّلَ أَخِي الدَّوَاءَ، وَالْتَزَمَ بِأَخْذِ الدَّوَاءِ فِي الْمَوَاعِيدَ الْمُحَدَّدَةِ لَهُ.

| السؤال الأول | مَعَانِي الْمُفْرَدَاتِ:- |

1-يُرَاوِغُ:   يُخَادِعُ.

2-حَيَوِيَّةٌ:   نَشَاطٌ وَعَافِيَةٌ.

3-التَّدَرُّجِ:   خُطْوَةٌ بَعْدَ خُطْوَة.

4-قَدَّمَ:   أَعْطَى.

| السؤال الثاني | أُفَرِّقُ فِي الْمَعْنَى مَا يَأْتِي: - |

1-   تَنَاوَلَ أَخِي الدَّوَاءَ. ....

2-   تَنَاوَلَ أَخِي الْكِتَابَ عَنِ الرَّفِّ ....

| السؤال الثالث | حَدِّدْ؛ مِنْ أَنَا:- |

1-تُجْرَى بِداخلي الْإِسْعَافَاتُ الْأَوَّلِيَّةُ:.......................

2- يُصْرَفُ مِن عِنْدي الدَّوَاءُ: ....

3-تُجْرَى بِداخلي الْعَمَلِيَّاتُ:.......................

4-تُجْرَى عِنْدي تَحَالِيلُ الدَّمِ: ....

| السؤال الرابع | التَّعْبِيرُ الشَّفَوِيُّ:- |

1- لَا بُدَّ أَنَّكَ تَنَاوَلْتَ دَوَاءً مِنْ قَبْلُ؟ هَلْ تَلْتَزِمُ بِمَوَاعِيدِ الدَّوَاءِ؟

2-هَلْ تَعْتَنِي بِنَفْسِكَ حَتَّى لَا تُصَابَ بِالْمَرَضِ؟

نَجَاحُ جُودٍ

اِحْتَفَلَتِ الْأُسْرَةُ بِنَجَاحِ جُودٍ، وَتَفَوُّقِهَا فِي الْمَدْرَسَةِ، وَأَقَامُوا الِاحْتِفَالَ فِي بَيْتِ جَدِّهَا، اِرْتَسَمَتْ عَلَى وُجُوهِ الْجَمِيعِ عَلَامَاتُ الْفَرَحِ وَالْبَهْجَةِ وَقَدَّمُوا لَهَا الْهَدَايَا، شَكَرَتْ جُودُ الْجَمِيعَ، وَقَبَّلَتْ وَالِدَيْهَا وَجَدَّيْهَا، وَقَالَتْ: أُحِبُّكُمْ جَمِيعًا، سَأَلَ جَدُّهَا: كَيْفَ اسْتَطَعْتِ التَّفَوُّقَ فِي مَدْرَسَتِكِ يَا جُودُ، قَالَتْ جُودُ وَشُعُورُ الْفَخْرِ يَمْلَؤُهَا، أُرَاجِعُ دُرُوسِي يَوْمِيًّا، وَأَحُلُّ وَاجِبَاتِي، وَلَا أُؤَجِّلُهَا، وَعِنْدَمَا لَا أَفْهَمُ شَيْئًا أَسْأَلُ مُعَلِّمَتِي مُبَاشَرَةً لِتَشْرَحَهُ لِي، وَأُقَسِّمُ وَقْتِي خِلَالَ الْيَوْمِ بِطَرِيقَةٍ صَحِيحَةٍ ؛وَقْتٌ لِلدِّرَاسَةِ ،وَوَقْتٌ لِمُشَاهَدَةِ التِّلْفَازِ، وَوَقْتٌ لِمُسَاعَدَةِ أُمِّي، وَآخَرُ لِمُمَارَسَةِ هِوَايَاتِي. قَالَ جَدِّي: أَبْدَعْتِ يَا صَغِيرَتِي جُود.

 مَعَاني الْمُفْرَدَاتِ:-

1- الْبَهْجَةُ: سُرُورٌ، فَرَحٌ، سَعَادَةٌ.

2- التَّفَوُّقُ: الْإِنْجَازُ، وَالتَّقَدُّمُ.

3- الشُّعُورُ بِالْفَخْرِ: الْاعْتِزَازُ بِالنَّفْسِ.

أ) أَلَاحِظُ هَذَا التَّرْكِيبِ (ارْتَسَمَتْ عَلَى وُجُوهِ الْجَمِيعِ عَلَامَاتُ الْفَرَحِ وَالْبَهْجَةِ):

أَكْتُبُ جُمْلَةً عَلَى نَسَقِ هَذَا التَّرْكِيبِ؟

....

السؤال الثاني **أَسْئِلَةُ الْفَهْمِ وَالْاسْتِيعَابِ:-**

1- بِمَاذَا احْتَفَلَتِ الْأُسْرَةُ؟................................

2- أَيْنَ كَانَ الْاحْتِفَالُ بِنَجَاحِ جُودٍ؟...................

3- مَاذَا قَالَتْ جُودُ لِكَيْ تُعَبِّرَ عَنْ مَشَاعِرِهَا؟

....

4- عَمَّ سَأَلَ الْجَدُّ جُودٍ؟..............................

5- كَيْفَ وَصَلَتْ جُودُ إِلَى التَّفَوُّقِ فِي دِرَاسَتِهَا؟

....

6- هَلْ تُقَسِّمُ وَقْتَكَ مِثْلَمَا تَفْعَلُ جُودُ؟

....

فَوَائِدُ الشَّمْسِ

قَالَ الْمُعَلِّمُ لِتَلَامِيذِهِ: مَوْضُوعُنَا الْيَوْمَ عَنِ الشَّمْسِ، سَأَطْرَحُ أَسْئِلَةً، وَالْمَطْلُوبُ مِنْكُمُ الْإِجَابَةَ عَلَيْهَا.

سَأَلَ الْمُعَلِّمُ:

- مِنْ أَيِّ جِهَةٍ تَشْرُقُ الشَّمْسُ؟

أَجَابَ غَالِبٌ: تَشْرُقُ الشَّمْسُ مِنَ الشَّرْقِ.

- مِنْ أَيِّ جِهَةٍ تَغْرُبُ الشَّمْسُ؟

أَجَابَ رَاغِبٌ: تَغْرُبُ الشَّمْسُ مِنْ هذِهِ الْجِهَةِ (جِهَةِ الْغَرْبِ)، ما أَجْمَلَ مَنْظَرَ الْغُروبِ!

- مَنْ يَذْكُرُ لِي بَعْضَ فَوَائِدِ الشَّمْسِ؟

أَجَابَ غَازِيٌّ: تُبَخِّرُ الْمَاءَ؛ فَتَتَكَوَّنُ الْغُيُومُ فِي السَّماءِ، وَتَنْزِلُ الْأَمْطَارُ، وَتَتَجَمَّعُ الْمِياهُ فِي الْبُحَيْراتِ والْبِحارِ وَالْمُحِيطاتِ، وَتَنْمُو الْأَعْشَابُ، فَتَأْكُلُ الْمَوَاشِي، وَتَنْمُو الْأَشْجَارُ فِي الْغَابَاتِ.

- رَفَعَ غَسَّانُ إِصْبِعَهُ، وَقَالَ: نَسِيَ غَازِيٌّ فَائِدَةً أُخْرَى.
- الْمُعَلِّمُ: مَا هِيَ؟ قَالَ غَسَّانُ: تُجَفِّفُ الْغَسِيلَ، فَضَحِكَ التَّلَامِيذُ.

قَالَ الْمُعَلِّمُ: إِجَابَاتُ رَاغِبٍ وَغَازِيٍّ وَغَسَّانَ؛ صَحِيحَةٌ، ما رَأْيُكَ يَا عِمَادُ؟ قَالَ عِمَادٌ: نَعَمْ يَا أُسْتَاذُ إِنَّها صَحِيحَةٌ.

السُّؤال الأوّل   معاني الْمُفْرَداتِ:-

١- تَتَبَخَّرُ:   تَتَحَوَّلُ مَنَ الْحالةِ السّائِلةِ إلى الْحالةِ الْغازِيَةِ (مِنَ ماءٍ إلى بُخارٍ).

٢- الْمَواشِي: جَمْعُ مَاشِيَةٍ، وَهِيَ: الْإبِلُ، وَالْبَقَرُ، وَالْغَنَمُ.

السُّؤال الثّاني   أسْئِلَةُ الْفَهْمِ وَالْاسْتِيعَابِ:-

١- مِنْ أَيْنَ تَشْرُقُ الشَّمْسُ؟ ....

٢- مِنْ أَيْنَ تَغْرُبُ الشَّمْسُ؟ ....

٣- اُذْكُرْ فَوَائِدَ أُخْرَى مِنْ فَوَائِدِ الشَّمْسِ؟ ....

٤- لِمَاذَا ضَحِكَ التَّلَامِيذُ مِنْ إِجَابَةِ غَسَّانٍ؟ ....

السُّؤال الثّالث   أسْتَخْرِجُ مِنْ نَصّ الْقِراءَةِ :-

١- جُمْلَةً تُفيدُ التَّعَجُّبَ: ....

٢- كَلِمَةً فِيهَا (أَلْ) الشَّمْسِيَّةِ: .... كَلِمَةٌ فيها (أَلْ) الْقَمَرِيَّةِ: ....

٣- كَلِمَةً تُفيدُ الْجَمْعَ: .... تَنْتَهي بِـ (ء): ....

٤- كَلِمَةً تَنْتَهِي بِـ (ـة ،ة) .... كَلِمَةً تَنْتَهِي بِـ (ـه ،ه) ....

٥- أداةَ اسْتِفِهامٍ: .... وَعَلامَةَ اسْتِفْهامٍ ....

٦- كَلِمَةً فيها حَرْفُ الألِفِ يُلْفَظُ وَلا يُكْتَبُ: ....

٧- جُمْلَةً تُفيدُ التَّعَجُّبَ: ....

٨- كَلِمَةً فيها هَمْزَةٌ مُتَوَسِّطَةٌ: .... حَرْفَ جَرٍ ....

الملاحظات

....

....

....

....

....

....

....

....

....

....

....

....

....